Lk 7,2835

LA FORÊT

DE

FONTAINEBLEAU

SES BEAUTÉS PITTORESQUES

ITINÉRAIRE DE SES PLUS JOLIES PROMENADES

APERÇU DES TRAVAUX DENECOURT

Dix-septième édition de ses Guides, ornée de Cartes.

PRIX : 1 FRANC

PARIS
Librairie DENTU, Palais-Royal. | Librairie HACHETTE et Cie,
Et dans toutes les Gares de Chemins de fer.
FONTAINEBLEAU
Chez tous les Libraires.
1860.

LA FORÊT DE FONTAINEBLEAU

Elle était jadis appelée *forêt de Bière* à cause de *Biéra*, guerrier danois, surnommé *Côte-de-Fer*, qui, l'an 845, vint y camper son armée et y laissa d'affreuses traces de brigandages. Ce n'est que vers le onzième siècle que nous la voyons convertie en domaine de la Couronne, et prendre le nom qu'elle porte aujourd'hui. Sa superficie est de 17,000 hectares, et son pourtour d'environ quatre-vingts kilomètres. Les routes, les chemins, les sentiers qui la sillonnent et la coupent dans toutes les directions, dans tous les sens, comprennent un développement qui excède deux cents myriamètres, environ cinq cents lieues. Son sol, que les eaux diluviennes ont si singulièrement bouleversé et déchiré, présente des mouvements de terrain très remarquables et des accidents aussi variés que multipliés : ce sont des rochers, des gorges profondes, des antres, des cavernes ou des plaines, des vallées, des monts, des buttes de toutes formes et des plateaux; mais en beaucoup d'endroits, pour ne pas dire partout, des sites charmants, des bois et des bocages offrant des promenades délicieuses.

Les rochers de Fontainebleau, évalués à plus de 4,000 hectares, forment principalement de longues chaînes ou collines qui s'élèvent souvent, ainsi que les plateaux de cette contrée, jusqu'à 140 mètres au-dessus du niveau de la Seine. C'est de leur sein que l'on extrait les grès qui servent au pavage des rues de la capitale et des routes environnantes. Ces rochers et ces gorges profondes qui, avant la fin du siècle dernier, étalaient partout leur cachet primitif, leur aspect virginal et admirablement sauvage, n'offrent plus au jourd'hui le même intérêt, vu l'exploitation des grès, qui malheureusement les a en grande partie entamés et dévastés ! Leur physionomie alpestre, sévère et pittoresque a beaucoup perdu aussi par les essences résineuses qu'on y a semées et plantées à profusion, et où dominent le pin maritime, le pin Sylvestre et le pin de l'île de Corse. On y remarque des sapins, des mélèses et quelques cèdres. Mais plus des deux tiers de la forêt de Fontainebleau comprennent des arbres indigènes, dont les principales espèces sont : le chêne, le hêtre, le charme et le bouleau. On y voit aussi des alisiers, des baguenaudiers, des sauvageons, des aubépines et quantité de houx ; puis partout l'humble bruyère, si jolie et si attrayante au temps de la floraison !

Les hautes futaies, disséminées sur divers cantons, y occupent à peu près deux milliers d'hectares. Les plus jeunes n'ont pas moins d'un siècle ; quant aux plus vieilles, leur âge se perd dans la nuit des temps. C'est parmi ces imposants débris de l'ancienne *forêt de Bière* que l'on rencontre des chênes qui ont jusqu'à sept mètres de circonférence.

Ce qui ajoute admirablement encore à l'aspect de cette vaste et pittoresque forêt, c'est la ville et l'antique palais qui en occupent à peu près le centre ; ce sont, avec les gracieux contours de la Seine et du Loing, les bourgades, les villages, les villes et villas, et tous les paysages qui en forment la riante et immense ceinture, et semblent avoir été posés là pour protéger ses abords et communiquer à ses sauvages et silencieuses solitudes l'animation et le mouvement.

Mais combien la forêt de Fontainebleau devait être autrement belle et captivante avant la révolution, avant que le fer des carriers et la cognée non moins destructive n'aient commencé à la mutiler dans sa plus attrayante parure, dans ses plus beaux rochers comme dans ses futaies les plus vieilles et les plus imposantes! Dire seulement celles de ses beautés virginales que j'ai vu disparaître ou affreusement mutiler, ce serait pour moi chose trop pénible ! je préfère ne me préoccuper que de celles qui jusqu'ici furent plus ou moins épargnées, et font encore de cette forêt la plus belle parmi les plus belles.

De ce pittoresque domaine, jardin comme Dieu seul sait en créer, et le plus admirable que le déluge ait formé, ce qui aurait bien dû le préserver de cette malencontreuse exploitation de grès, nous allons en nommer tous les endroits, ou plutôt tous les cantons encore éminemment intéressants et offrant une variété de sites, certes bien faits pour fixer l'admiration du touriste, et dignes de la sollicitude du Gouvernement.

Voici la désignation de chacune de ces pittoresques contrées, dont l'ensemble forme quatre sections régionales.

Première Section (Ouest).

Le Parquet des Monts-Aigus; les rochers et platières de la Gorge du Houx; les gorges, les rochers et platières de Franchard; le plateau et le belvédère de la Gorge aux Merisiers; les rochers et platières de la Haute-Borne et de la Gorge aux Archers; les rochers de la Reine et de Corne-Biche; les rochers des Hautes-Plaines et du Cul de Chaudron; les Monts-Girard et les ventes Alexandre; les gorges et rochers d'Apremont; les hautes futaies du Bas-Bréau, de la Tillaie, du Puits au Géant, du Chêne-Brulé et de la vente aux Charmes; les cantons de la Tête à l'Ane, de la vallée au Rateau et de la gorge aux Chevreuils.

Deuxième Section (Nord).

Le Mont-Pierreux; les hautes futaies de la Butte aux Aires, du Gros-Fouteau, des Fosses-Rouges et de la vallée du Nid de l'Aigle; hauteurs, gorges et rochers de la Solle; le mont Saint-Père; les platières de Belle-Croix et de la mare à Piat; chaîne du rocher Cuvier; plateau et futaie des monts de Fay; chaîne du rocher Canon et mare aux Evées; les monts de Truys et l'esplanade de la Table du Grand-Maître; gorges et platières du rocher Saint-Germain; vallée et bocages de la Solle; rochers du Mont Chauvet; rocher du Mont-Ussy; vallée des Tombeaux, également appelée vallée de la Chambre.

Troisième Section (Est).

Rochers du Calvaire; rochers du Fort des Moulins; rochers Cassepot et de la Béhourdière; futaies et bocages des Écouettes; futaies de Bois-le-Roi et du Pavillon-Chinois; bois de la Madeleine; rocher Guérin ou du Fort-l'Empereur; butte à Guay; vallée Troubetzkoï; bois de Notre-Dame-de-Bon-Secours; chaîne du rocher d'Avon; plateaux de la butte du Monceau et du Mont-Andart; futaie des forts de Thomery; Rocher-Brûlé et chaîne du rocher Bénard.

Quatrième Section (Sud).

Plaine des Pins; mail et butte d'Henri IV; chaîne du rocher Bouligny; plateaux du mont Merle et des ventes Bourbon; la Malmontagne et le Haut-Mont; le Long-Rocher et les Étroitures; la Gorge aux Loups et le plateau de la mare aux Fées; les hauteurs de Marlotte et de Bouron; les futaies des ventes à la Reine et des forts de Marlotte; les plateaux de la Cave aux Brigands et des Érables; le Déluge; le rocher et la gorge des Demoiselles; la platière de la mare aux Corneilles; le rocher de la Salamandre; la chaîne du rocher Mont-Morillon et le plateau de la croix de Saint-Hérem.

Ces quatre-vingts beaux cantons de la forêt de Fontainebleau, malgré l'exploitation des grès qui les a, ainsi que je l'ai dit plus haut, mutilés en beaucoup d'endroits, comprennent néanmoins plus d'un millier de sites et de charmants points de vue, sans compter une infinité de curiosités de détail beaucoup plus nombreuses, telles que masses de grès formidables, grottes, antres et cavernes d'un aspect saisissant, et surtout quantité d'arbres très remarquables dont l'âge se perd dans la nuit des siècles.

Maintenant que nous avons dit quelles sont celles des contrées les plus intéressantes de cette merveilleuse forêt, nous allons dire comment, nous, humble citoyen, né de pauvres vignerons de la Franche-Comté, nous sommes parvenus à y rattacher notre nom.

On sait qu'il y a trente ans la forêt de Fontainebleau était peu connue, peu fréquentée, et que, malgré les cinq cents lieues de belles routes de chasse et de chemins de toutes espèces qui, ainsi que je l'ai déjà dit, la coupent et la sillonnent dans tous les sens, on ne pouvait en visiter une demi-douzaine de sites sans marcher péniblement pendant toute une journée, soit dans des sables mouvants, soit parmi des broussailles en bravant les reptiles, notamment la redoutable vipère. On sait qu'il n'existait ni un livre, ni un plan, ni le moindre tracé de promenade dans le cas de faciliter la marche du touriste et de lui permettre de pouvoir, sans fatigue et sans encombre, explorer aucune des contrées éminemment intéressantes de cette incomparable forêt. On sait que le plus grand nombre de ses beaux sites, de ses jolis points de vue et de ses belles roches étaient sans noms, et que de tous ses arbres remarquables il n'y avait de nommé que le Bouquet du Roi, le Clovis, le Charlemagne, le Henri IV, le Sully et le chêne de la Reine Blanche.

Mais si aujourd'hui il en est tout autrement, c'est premièrement parce que j'ai le défaut d'être d'une nature passablement impressionnable et facile à enthousiasmer; et secondement parce que longtemps après avoir été attiré deux fois sous les drapeaux du premier Empire par le retentissement de nos victoires, comme par celui, hélas! de nos revers, et avoir guerroyé en Autriche, puis en Espagne, en Portugal et ailleurs encore, je me suis trouvé, en 1832, fixé en qualité de modeste rentier dans ce charmant pays de Fontainebleau, où bientôt l'enchanteresse forêt m'ayant séduit et captivé, je lui ai voué mes sympathies et mon enthousiasme, comme un amant épris voue son cœur et son amour à une maîtresse adorée... c'est-à-dire que depuis bientôt trente ans je consacre à ma chère bien-aimée forêt (il m'est bien permis de l'appeler ainsi) tous mes instants, tous mes soins et plus que mes épargnes, sacrifice énorme sans doute, et comme l'amour seul peut en inspirer et faire accomplir, mais que je suis bien loin de regretter, vu qu'ils ont eu pour résultat la création de ces nombreux sentiers qui, depuis longtemps déjà, font l'agrément de tout un monde d'artistes et de touristes, dont la présence ajoute notablement au bien-être du pays.

On sait que ces sentiers, dont le développement excéderait CENT CINQUANTE KILOMÈTRES sans les suppressions occasionnées par l'exploitation des grès et par d'autres causes, forment encore aujourd'hui un réseau d'un peu moins de cent kilomètres sillonnant parmi les contrées que je viens de nommer celles qui sont les plus intéressantes et les plus nombreuses. On sait qu'ils servent non-seulement aux explorateurs à pied, mais aussi aux promeneurs en voiture, très heureux de mettre çà et là pied à terre pour pénétrer dans ce labyrinthe d'étroits et doux chemins en dehors desquels on ne peut voir et connaître que très imparfaitement les *chers déserts de saint Louis*. D'après la manière dont j'en ai combiné et tracé le développement, souvent marié à des routes de chasse ou de calèche, j'ai pu distribuer à peu près tous ceux de nos sites les plus remarquables en dix belles promenades à pied diversement étendues et en plus de vingt promenades en voiture.

On comprendra aisément que ce n'est pas à l'aide de cette mince brochure que l'on pourra explorer complètement cet immense dédale de merveilles et de curiosités si multipliées, et qu'à cet effet il est nécessaire de se munir d'un indicateur spécial contenant l'itinéraire général et détaillé de toutes nos promenades, aussi bien celles parcourables en voiture que celles qui ne le sont qu'à pied, et lequel indicateur se trouve chez tous les libraires de Fontainebleau.

Néanmoins, malgré le cadre restreint de cette nouvelle édition, elle pourra suffire au plus grand nombre de nos touristes, car elle comprend l'itinéraire de six promenades des plus intéressantes de la forêt, dont cinq parcourables uniquement à pied, et une parcourable mi à pied, mi en voiture, plus deux cartes représentant ces six charmantes promenades par des tracés coloriés et parfaitement distincts, qui seuls pourraient suffire à diriger les pas de l'explorateur.

Nota. — Disons que, pour ajouter à la manière facile d'effectuer ces promenades très pittoresques, j'ai adapté à chacune d'elles une sorte de fil d'Ariane, représenté par des flèches et des numéros peints en bleu sur des rochers et sur des arbres partout où la marche de l'explorateur pouvait rencontrer de l'incertitude. Eh bien, ces signes indicateurs si commodes, et dont l'utilité est reconnue par tant de monde depuis plus de vingt ans, on vient de m'interdire de les renouveler, de les remplacer au fur et à mesure que le temps les efface.

Du moins, si, au lieu d'en interdire l'entretien, M. l'inspecteur de la forêt m'eût conseillé d'avoir désormais à les peindre moins grands, moins apparents, je me serais d'autant plus volontiers rendu à cet avis, qu'en effet, je reconnais qu'en bien des endroits mes signes indicateurs sont par trop voyants.

Toutefois, j'ai l'espoir que, par égard pour les nombreux touristes qui viennent explorer et admirer les beautés de la forêt de Fontainebleau cet ordre par trop sévère ne restera pas irrévocable ; je le désire d'autant mieux que sa durée aurait non-seulement pour résultat de dérouter nos promeneurs et visiteurs, mais aussi d'ajouter à ma ruine en mettant à néant toutes les éditions de mes Guides et Cartes, qui, on le sait, sont établis conformément à ces signes indicateurs.

D'ailleurs, ces innocentes marques bleues offusquent-elles plus la vue que ces grandes marques rouges, non moins utiles, que partout dans la forêt l'administration a fait peindre?

Espérons qu'elle redeviendra indulgente et bienveillante comme autrefois. En attendant, esquissons l'itinéraire de nos six promenades choisies.

Promenade à la Gorge du Houx.

Exploration à pied d'environ quatre heures.

ITINÉRAIRE.

Cette promenade, dont le tracé colorié sur la carte ci-jointe est indiqué par la lettre E, a pour point de départ la barrière de la Fourche, appelée aussi barrière de Paris. Les deux tiers de son parcours sillonnent l'une des contrées les plus agrestes, les plus rocheuses et les plus bouleversées de la forêt de Fontainebleau. Les masses de grès, diversement curieuses de forme et de volume, vous apparaissent tantôt toutes déchirées, comme venant de s'arracher du sommet des plateaux, puis, tantôt penchées, renversées sur le flanc des collines et tantôt précipitées jusque dans les profondeurs des vallées et des gorges, puis, çà et là, éparses et singulièrement amoncelées, mais partout offrant à vos regards étonnés l'image d'un admirable chaos, ou plutôt les imposantes traces du dernier déluge!

Donc, pour effectuer cette intéressante et saisissante promenade, vous partez par la barrière de la Fourche en vous dirigeant conformément au tracé désigné sur la carte par la lettre E, et aussi conformément à nos marques bleues, c'est-à-dire en suivant un instant la rive gauche de la route de Paris pour prendre plus à gauche encore le sentier qui pénètre sous les ombrages d'un bois de pins.

En réglant votre marche ainsi que je viens de l'indiquer, vous accomplirez assez bien votre excursion en passant successivement par les endroits dont voici les noms :

Sentier et ombrage de la *petite Tranchée*, longeant à quelque distance la droite de la route de Fleury; ombrages du *mont Fessas* par le *sentier des Muguets*; échappées de vue sur la gorge du Houx et descente vers les roches des *Danaïdes*.

Rochers et points de vue de la platière de la gorge du Houx; *rochers de Féragus* et *grotte du Parjure;* carrefour du Houx (pour que ce nom fût une vérité, l'administration devrait bien faire planter là un arbre de ce nom).

Carrefour et vallon des *Oiseaux de proie*, où se voit le *rocher du Manqué;* belvédère des Oiseaux de proie, qui a bien besoin d'être dégagé; galerie et défilé de la gorge du Houx; rochers du *grand Serpent;* roches d'*Alphonse Karr* et grand point de vue de la gorge du Houx; *l'antre du Déluge;* rocher *Pérard* et *l'oasis du Tonnerre;* les *Mastodontes* de la gorge du Houx; les dés de *Gargantua* et la roche de *Pharée;* l'abri de *Claire* et d'*Alfred;* le rocher de *Charles Napier;* le rendez-vous du *Chasseur noir;* le carrefour du *Cimbro*, ou plutôt du lord *Weymouth;* le sentier des *grands Titans*, où l'on revoit encore de formidables masses de grès, notamment la roche de *Pélion*, celles d'*Alfred de Musset*, de *Balzac*, de *Bély*, *Castellan* et *Vatout*.

Sentier gravissant la pointe méridionale du mont Fessas, et point de vue sur la vallée des monts Aigus; sentier des *Quatre-Sœurs* et retour à Fontainebleau par le sentier des *Muguets* et la barrière de la Fourche.

Promenade aux Gorges d'Apremont.

Exploration à pied d'environ six heures.

ITINÉRAIRE.

Cette grande et belle promenade, non moins rocheuse que la précédente, mais bien plus intéressante encore par ses sites plus ouverts, plus grandioses et ses points de vue plus vastes, plus nombreux, puis aussi par ses magnifiques futaies, a également pour point de départ la barrière de la Fourche, ainsi que l'indique son tracé désigné sur la carte ci-jointe par la lettre D.

De cette barrière, on prend comme pour la promenade de la gorge du Houx, la rive gauche de la route de Paris, que vous suivrez non plus un instant, mais jusque vers le pied de la côte, où vous inclinerez à gauche, par le sentier qui pénètre sous bois, et dont l'entrée est signalée par notre marque bleue. Dirigez-vous ensuite conformément à ce signe et d'après le tracé figuré sur la carte, lequel vous ramènera en ville après avoir vu les endroits remarquables dont voici la désignation :

La *gorge aux Chevreuils*, vallée non rocheuse mais bien encaissée, bien ombragée entre deux collines ;

La *Tillaie*, haute et magnifique futaie où vous passerez aux pieds de véritables chênes géants, notamment le *Condé*, le *Turenne*, le *Pharamond*, le *Hoche*, le *Marceau*, le *Buffon*, le *Danaüs*, le *Paul-Louis*, le chêne de *Notre-Dame-des-Bois*, etc., etc.

En traversant cette opulente et belle futaie, vous rencontrerez fréquemment une route-labyrinthe nouvellement tracée, et dont la double inscription, répétée à chacune de ses nombreuses intersections, est ainsi conçue : *Route du Prince impérial — promenade à pied*.

Chaque fois que cette route-labyrinthe s'offrira devant vous, faites bien attention de ne pas perdre de vue nos marques bleues, ni notre étroit sentier, car non-seulement vous manqueriez le but de votre très intéressante promenade des gorges d'Apremont, mais vous risqueriez de contourner longuement dans cette futaie où, tout en voyant constamment de bien beaux arbres, aucun rocher, aucun point de vue, ni ciel, ni horizon, ni la moindre variété de paysages ne viendraient faire diversion à l'aspect par trop uniforme, qui trop longtemps s'offrirait à vos regards.

Qu'il me soit permis de dire que si, comme autrefois, l'Administration avait continué à être favorable à mes idées d'embellissement, et que, pour cette route du Prince impérial, elle eût daigné consulter ma vieille expérience, son parcours, assurément, serait plus varié, plus intéressant et bien moins délaissé des explorateurs et des promeneurs, car son développement, au lieu de quinze à vingt kilomètres sans quitter les grands bois, n'en aurait eu que la moitié, et cinq à six charmants points de vue qu'il eût été facile d'obtenir, sans s'éloigner pour ainsi dire du rayon qu'il occupe : tels par exemple, vers le couchant, sur les platières du *désert d'Apremont*, et vers le nord sur les hauteurs des *gorges de la Solle*, puis vers le levant et l'est, en contournant les hauteurs du *Mont-Pierreux*, de la *Butte aux Aires* et de la *fosse à Rateau*.

Ce que je viens de dire est bien moins une critique qu'un conseil émané de mes goûts pour le pittoresque, ainsi qu'il est aisé de s'en convaincre. Mais poursuivons notre très intéressante promenade vers les gorges d'Apremont :

En quittant la futaie, notre sentier pénètre dans un bois taillis pour parvenir sur la platière du désert d'Apremont, et descendre dans les sombres profondeurs de ce site, après avoir passé près de la jolie roche de Juliette et à dix pas du Chameau.

Ensuite c'est la traversée du désert, aujourd'hui caché sous les pins, et le mont Ribéra, en passant près la roche *Lancrel* et le *Cerbère*, le rocher *Albert*, la roche et la grotte de *Silvio Pellico*, le *Dragon d'Apremont*, le *Rocher foudroyé*, les *Cachalots* ou les roches de *Fenimore Cooper*, l'*Antre de Bowhanie* et le *Belvédère de Lantara*.

Après, ce sont les crêtes et les points de vue de la chaîne du rocher *Tissier*, puis la *Caverne des Brigands*, dont je voudrais voir consolider l'effrayante voûte par quelques pilastres en grès, ainsi que j'en ai donné avis à M. l'inspecteur de la forêt.

De la caverne des Brigands on revient vers Fontainebleau par les endroits ci-désignés :

Le sentier et le dormoir de *Lantara* attenant au vallon des gorges d'Apremont, site le plus admirable de la promenade, avec sa pelouse ombragée de vieux chênes et entourée de jolis bocages de genévriers, puis d'une imposante ceinture de rochers. N'oublions pas non plus la roche de *Marie-Thérèse* et celle plus intéressante de *Charles et d'Eugénie*, décorée d'un remarquable bouleau; et plus loin le *Henri IV* et le *Sully*, arbres les plus vieux et les plus formidables du canton ;

Le rocher des *Deux Louise* et la *Longue Gorge*, sites également très pittoresques, où l'on admire encore de belles touffes de genévriers et quantités de belles masses de grès, notamment le rocher *Stéphanie* et la roche *Marthe* ;

Le sentier de la *Platière des Vaches* et le beau carrefour de la *Gorge aux Néfliers* ;

La futaie du *Puits au Géant* composée de magnifiques bouquets de hêtres ;

La futaie de la *Vente aux Charmes*, plus imposante et peuplée d'arbres dont les plus remarquables sont : le *Primatice*, le *Rosso*, le *Rude*, le *Barye*, le *Chêne charmé*, mais surtout le *Jupiter* que j'ai rendu visitable et baptisé en 1848, et qu'en 1858 l'Administration a surnommé le *Bouquet du Prince impérial*.

En dehors des sentiers de cette grande et belle promenade, mais toujours dans les mêmes parages, se trouvent une infinité d'autres beaux endroits, d'autres sites ravissants dont les plus remarquables sont :

La gorge et les rochers du *Grand-Veneur* latéralement situés à la sauvage descente du *Chasseur-Noir* ;

Le *chemin des Mousquetaires* où se dressent fièrement *Portos*, *Athos*, *d'Artagnan* et *Aramis*, imposantes masses de grès ;

La *Gorge Serpente*, site encaissé d'une manière non moins alpestre, non moins saisissante ;

Le sentier sillonnant les crêtes du *montoir d'Apremont*, offrant de très admirables points de vue, notamment les roches de *Louis Jourdan* et le belvédère d'*Horace Vernet* ;

La *grande Gorge* où se trouvent le rocher *Poirson*, le rocher des *Dryades*, la roche à la *Grenouille* et cent autres curieuses masses de grès ;

Le sentier des *Titans d'Apremont* conduisant à la caverne des Brigands, parmi un déluge d'énormes rochers;

Le rocher de *Jean de Paris* et celui de *Jean des Rouares*, avec leurs points de vue ;

Le sentier du *Captif*, où se montre la *dame d'Apremont* et d'autres formidables grès ;

Le *sentier de Laure* dont les quarante minutes de trajet, sillonnant les crêtes sourcilleuses des rochers, offrent une suite non interrompue de charmants points de vue et de perspectives infiniment variés ; puis des grottes, des antres et toujours des choses très remarquables dont nous signalerons seulement celles-ci :

Le *belvédère Decamps* ou point de vue du vallon d'Apremont; passage et rocher des *Deux-Henriette* ; le *Lavabo du Chasseur-Noir* ; le point de vue de *Célestin Nanteuil*, et ceux de *Court* et de *Denis Papin* ; le *Repos de Laure* et *Mélanie* ; le belvédère de la *Tortue* ; les points de vue *Hersent* et d'*Auzat*; les *Trois-Mausolées* ; les points de vue *Duchesnois, Mars, Georges, Lucie Mabire* et *Marie Cabel* ; la *Gorge aux Renards* ; le *Cachalot* et la *Roche menaçante* ; la *haute Gorge* et le rocher d'*Alfred Say* ;

Le point de vue de *Geoffroy Saint-Hilaire* ; belvédères et grotte des *Barbisonniers* ; l'oasis de *Camille et Caroline*, et vue sur la gorge des *Hurleurs* ; rocher et passage d'*Édouard Plouvier* ; point de vue de *Boissieux* ; grottes et point de vue de *Clémence et Marie* ; rocher et belvédère de *Théodore Rousseau* ; descente à la gorge des *Rouares*, en passant près des roches *Molinet* et *Laury*.

Quant aux arbres géants quatre à cinq fois séculaires que dans les Gorges d'Apremont, dans la Tillaie et dans la Vente aux Charmes, je n'ai pu numéroter, vu qu'ils se trouvent en dehors de la promenade, je me bornerai à signaler ceux dont voici les noms :

Le *Christophe Colomb*, le *Galilée*, le *Colbert*, le *Bernardin-de-Saint-Pierre*, le *Créquis*, le *Clésinger*, le *Bonnassieux*, le *Chêne du Christ*, les *Deux Balleydier*, le *Dargaud*, le *Bélisaire*, le *Bouquet de la Vente des Charmes*, le *Corrège*, le *Rageur*, le *Français*, le *Yvon*, le le *François Millet*, le *Grünland*, et le *Théodore Gudin*.

Promenade à la Vallée de la Solle.

Exploration à pied d'environ cinq heures.

ITINÉRAIRE.

Cette promenade, plus intéressante encore et plus délicieuse à effectuer que celles de la gorge du Houx et des gorges d'Apremont, offre des sites et des points de vue qui, sans être aussi vastes ni d'un aspect aussi alpestre, aussi sauvage et aussi sévère, sont d'une physionomie plus suave, plus jolie, plus pittoresque. Les rochers y sont, en général, parés de mousses et de lichens de toutes couleurs, et ombragés par des végétaux plus variés, plus coquets et plus gracieux qu'ailleurs, sans compter les magnifiques et imposantes futaies qui couvrent les deux tiers de son parcours.

Son point de départ est aussi la barrière de la Fourche, ainsi que l'indique le tracé figuré sur la carte ci-jointe, et désigné par la lettre C.

Voici quels sont ceux de ses sentiers et de ses sites les plus intéressants à explorer :

Le sentier de la *Butte aux Aires* se continuant sous les ombrages de la partie méridionale de la futaie du Gros-Fouteau, où l'on admire une foule d'arbres géants, notamment : le *Superbe*, le *Jean-Bart*, le *Daguerre*, le *Jules Romain*, le chêne de *Lebrun*, le *Girodet*, la *Tour de Pise*, le *Couder*, le *Picot*, etc., etc.

Le *sentier de l'Amitié* descendant aux gorges de la *Solle*, où l'on remarque l'arbre et le rocher d'*Eugénie*, le rocher *Watelet*, le point de vue de *Nicolas Poussin*, la gorge de *Claude Lorrain*, le rocher *Jean Goujon*, les roches *Milton*, la gorge *Staël*, la roche de *Corinne*, le belvédère d'*Ingres*, le point de vue *Lavoisier*, l'antre de *Raoul*, le rocher *Millet*, le *Dolmin de la Solle*, le mont *Jussieu*, l'antre du rocher *Hubert* et *Delaroche*, la *Chaise curule*, l'*oasis de Gilberte*, le *Vanden-Meulen*, hêtre magnifique, le rocher *Matignon* et la grotte *Deltil*, l'*oasis Fernand Desnoyers*, les roches de *Sénancourt*, le sentier du *montoir de la Solle*, où l'on remarque principalement le *Charles-Vincent*, très beau genevrier, la roche d'*Églantine*, le genevrier de *Paula Soriano*, la grotte *Nazon*, la *Roche-Percée*, la fontaine *Sanguinède*, sa grotte et son admirable point de vue.

Le plateau et la mare des *Ligueurs*, l'antre du *Sanglier*, l'oasis *Delacroix*, le genevrier de *Louis XI*, le *grand Men-Hirr* et la vallée de ce nom, le *Troyon*, hêtre superbe, le carrefour des gorges de la Solle, le chemin allant au carrefour du *Télémaque* en longeant la partie nord du *Mont-Jussieu*, où l'on voit d'assez beaux hêtres, notamment le *Pierre Dupont*, le *Henri Murger*, le *Nadar*, le *Vendamme*, le *Joubert*, le *Villaret-Joyeuse*, le *Gendron*, le *Charles Deslys* et le chêne d'*Alfred de Dreux*.

Le sentier de *Gabriel et d'Élisabeth*, où l'on admire tout d'abord le *Télémaque*, hêtre magnifique, et ensuite, le *Trident*, le *Bonnington*, l'oasis de *Léon Cogniet*, le *Charles Walter*, le *Michel-Ange*, le *Prudhon* et autres beaux chênes.

Sentier du *Bocage de la Solle*, passant au pied des arbres géants dont voici les noms :

Le *Talma*, le *bouquet de la Solle*, le *Flandrin*, le *Couture*, le *Guarpe*, les *deux David* et les *trois Vernet*. En dehors de ce sentier se trouvent plus ou moins voilés par d'autres ombrages, le *Monge*, le *Jules Janin*, le *Parmentier*, le *Carnot*, le *Fourcroy*, le *Berthelet*, le *Lagrange*, le *Delalande*, le *Chaptal*, le *Fénelon*, le *Redouté*, le *Plouet Abel*, le *Théophile Gautier*, le *Rémond*, le *Pacard*, le *d'Erancourt*, le *Saint-Louis*, etc., etc.

Le sentier de la *Dame blanche* gravissant le *mont Chauvet*, en ayant en vue le rocher du *Men-Hirr du mont Chauvet*, les roches et la grotte de la *Dame blanche*, les roches de *Colombel*, la station de *Mira Brunel*, puis d'autres rochers et d'autres points de vue après lesquels on arrive à la Fontaine du Mont-Chauvet et à la grotte de *Paul et Victorine*, en passant contre le *char des Fées* ou la Roche-qui-remue.

En quittant la modeste fontaine du Mont-Chauvet, on se dirige vers Fontainebleau par le sentier des *Deux-Sœurs* et le sentier de la partie orientale du *Gros-Fouteau*, endroits également très intéressants à parcourir, et où l'on voit encore une foule de très jolies choses, dont voici les noms de quelques-unes des plus saillantes :

Le point de vue de *Charles Muller*, le chêne de *Samson*, les *deux Scheffer*, le belvédère de *Roqueplan*, le *Béranger*, hêtre le plus beau de la forêt, au pied duquel j'ai vu pour la première fois l'illustre chansonnier; les *Unis comme eux*, groupe de hêtres singulièrement réunis; le chêne d'*Auguste Luchet*, le rocher *Larminat*, la galerie du rocher de *Jean-Jacques Rousseau*, le *petit rendez-vous des Artistes* ou le *chaos de la Solle*, le rocher et le belvédère des *Deux-Sœurs*, les chênes de *Charles Rivière*, de *Richelieu*, de *Léon Gozlan*, de *Florian*, de *Char-*

din, de *Francklin*, de *Genetet*, de *Jolivard*, de *Champollion-Figeac*, le *Pallas*, le *Sylvain*, le *Brascassat*, le *Watteau*, le *Van Spandonck*, le *Barberousse*, le *Shéridan*, le *Chateaubriant*, le *Voltaire*, les *trois Hercules*, le *Bison*, le *Chennevière*, le *Jazet*, le *Hardy*, le *Rustique*, après lequel on parvient à Fontainebleau en moins d'une demi-heure, soit par l'ancienne route du roi ou par le Mont-Pierreux.

Promenade au Mont-Ussy.

Exploration à pied d'environ trois heures.

ITINÉRAIRE.

Cette petite promenade, dont le tracé, figuré sur la carte ci-jointe, est signalé par la lettre B, a son point de départ à la sortie de la rue des Bois. Son parcours serait des plus intéressants sans la malencontreuse exploitation des grès. Il offre néanmoins encore de très jolis endroits, tels, par exemple, ceux dont voici les noms :

La descente des *Fosses-Rouges* et la vallée du *Nid de l'Aigle*, hautes et très belles futaies, où se montrent majestueusement le *Washington*, le *Lafayette*, le chêne de *Latour-d'Auvergne*, le *Barthélemy* et le *Méry*, le bouquet du *Nid de l'Aigle*, le chêne de *Méduse*, le *Théodore de Banville*, le *Blandin*, la *Girandole* ou le bouquet de *Saint-Jean*, le chêne de *Lays*, le *Paul Huet*, le bouquet de *Palizzi*, les *Deux-Marcelot*, les *Six-Frères*, l'*Alexandre Dumas*, l'arbre des *Deux-Sœurs* (Eugénie et Félicie), le *Philibert Audebrand*, le *Pelloquet*, etc., etc.

De la vallée du *Nid de l'Aigle* à la gorge des *Fées*, par le sentier de la *Veuve* et la vallée de *Zacharie*, en passant par une suite de sites ravagés mais où l'on voit encore de beaux débris d'arbres et de rochers, tels que le rocher *Amélie*, le chêne d'*Artémise*, le *Charlemagne*, le *Louis Dupré*, le *Jean-Sans-Peur*, le chêne d'*Antonin*, le charme d'*Hélène*, le *Philippe Benoits*, le *Salvator-Rosa*, le rocher de la *Princesse*, la roche *Soucio* et le chêne de *François I*er, le *Bayard*, l'antre du rocher *Falloux*, le chêne des *Fées* et le *Balsamos*.

De la gorge aux Fées à Fontainebleau par l'antre du rocher d'*Himely*, la descente du *Mont-Ussy*, le passage des *Montussiennes* et le carrefour des *Huit-Routes*.

Promenade au Fort de l'Empereur.

Exploration à pied d'environ quatre heures.

ITINÉRAIRE.

Cette promenade, dont le tracé sur la carte ci-jointe est désigné par la lettre A, et laquelle a pour point de départ soit la sortie de la rue des Bois, soit la barrière de Melun, offre de très beaux et très vastes points de vue, quoique ses roches et ses sites les plus remarquables aient été aussi ravagés par les carriers.

En voici les endroits les plus intéressants :

Sentier de la *vallée des Tombeaux* à la chapelle de *Notre-Dame-de-Bon-Secours* ; sentier de cette chapelle au carrefour de la *butte à Guay* par les carrières et les points de vue de la *Ravine* et par le plateau du *Fort des Moulins*.

Trajet du carrefour de la butte à Guay au *Fort de l'Empereur* par le *sentier des Hêtres* et celui du *rocher Guérin*, d'où l'on commence à découvrir de très beaux points de vue, après avoir passé près de magnifiques arbres tels que le *Chabert*, le *Chatelain*, le *Camille*, le *Gustine* et le *Boisdhyver*.

Du Fort de l'Empereur, d'où l'on contemple le roi des points de vue, on se dirige vers Fontainebleau par l'*esplanade* de la butte à Guay, la *vallée Troubetzkoï*, le belvédère et la *fontaine Dorly*, le sentier contournant le promontoire du rocher du *Fort des Moulins*, en suivant celui qui sillonne les rochers du *Calvaire*, trajet offrant une suite de points de vue des plus intéressants et des plus variés et une foule d'autres choses également remarquables, telles que la grotte de la *princesse Anna*, le *Taylor*, les *Deux-Lesseps*, le *Henri Walter* et le *Bouquet de Cathrinska*, hêtres tous magnifiques ; puis le *rocher Gandois*, les *rochers Thinus*, le *rocher des Cyclopes*, l'*Hippopotame*, le rocher de *Némorosa*, où se voit la Reine des Bois, œuvre d'Adam Salomon, le belvédère de la *reine Amélie*, la grotte de *Georgine*, la galette de *Gargantua*, le rocher du *Léviathan*, le *Mausolée*, l'antre *N'y entrez pas*, le *tunnel des Mastodontes*, les *Mastodontes*, la roche de *Biéra*, la grotte *Creuzet*, le rocher des *Marsouins*, la grotte du *Calvaire*, la grotte *Benjamin*, les roches de *Ferrer*, la descente vers les ombrages de *Notre-Dame-de-Bon-Secours*.

Nous allons maintenant esquisser l'itinéraire de la promenade qui est le résumé des sites et des points de vue les plus intéressants que l'on puisse voir en six heures à l'aide de voiture, et dont le tracé est également figuré sur la carte jointe à la fin de cette brochure, à l'exception des gorges de Franchard, représentées sur la petite carte ci-contre.

Promenade au Fort de l'Empereur

Par Franchard, le Bocage du Puits au Géant, la Tillaie et le carrefour du Bouquet du Roi, les points de vue du Mont-Chauvet et de la Solle, puis retour par les points de vue du Calvaire et du rocher du Fort des Moulins.

ITINÉRAIRE.

On part de Fontainebleau par la barrière de la Fourche, pour se rendre directement à Franchard, où l'on met pied à terre pour aller explorer les gorges et les rochers qui avoisinent cet ancien monastère, aujourd'hui transformé en une habitation de garde forestier près de laquelle est établi un restaurant.

A l'aide de la petite carte ci-jointe représentant les gorges de Franchard et le sentier que j'ai créé pour en rendre accessibles et commodément visitables tous les plus beaux sites, vous pouvez facilement en faire l'exploration et revenir à votre voiture, tout émerveillé de ce que vous aurez vu, c'est-à-dire de l'aspect saisissant qu'offre ce bouleversement de rochers, de grottes, d'antres, de cavernes et de points de vue, peut-être plus alpestres, plus sauvages, et plus imposants encore que les chaos que présentent la gorge du Houx et les gorges d'Apremont !...

De Franchard, votre automédon vous conduira vers les hauteurs de la Solle par la futaie du *Chêne-Brûlé* et les bocages du *Puits au Géant*, puis par le carrefour du Bouquet du Roi, la fontaine *Sanguinède*, où vous mettrez pied à terre seulement pendant cinq minutes pour aborder le site et jouir d'un très beau point de vue. Ensuite votre voiture vous transportera à l'entrée du rocher des *Deux-Sœurs*, où vous la quitterez de nouveau pour la retrouver à la fontaine du *Mont-Chauvet* après une exploration d'une demi-heure en suivant nos marques bleues. Je ne vous nommerai pas les choses merveilleuses qui se voient par là, vu que je les ai signalées dans l'itinéraire des promenades à pied.

De la fontaine du Mont-Chauvet votre cocher vous conduira, en continuant la route tournante des hauteurs de la Solle, au carrefour du cèdre de la *Butte à Guay* et, de là, au bas du rocher *Guérin*, à l'entrée d'un sentier qui, en moins d'un quart d'heure, vous conduira au fort de l'Empereur, où vous retrouverez votre voiture.

Après avoir fait l'ascension des quarante-quatre marches du fort, d'où l'on découvre l'un des plus vastes points de vue des environs de Paris, votre conducteur vous ramènera vers Fontainebleau par les points de vue de la *Butte à Guay*, du Calvaire, du rocher du fort des *Moulins* et par les bocages de *Notre-Dame-de-Bon-Secours*, toutefois en vous faisant mettre encore une ou deux fois pied à terre pour explorer quelques bouts de charmants sentiers, notamment celui des *Mastodontes*, dont le trajet n'excède pas dix minutes.

Les personnes qui désireront mieux et plus que l'itinéraire esquissé des six ravissantes promenades qui précèdent devront, je le redis, avoir recours à la onzième ou seizième édition de mes guides, comprenant, avec l'histoire et la description du palais, l'itinéraire général et détaillé de toutes les promenades de la forêt et aussi celles des environs. Les excursions à l'aide de voiture s'y trouvent au nombre de plus de vingt, combinées de façon à satisfaire, en raison des instants que chacun peut avoir à consacrer à la forêt. Quant aux promenades uniquement parcourables à pied, elles s'y trouvent au nombre de dix, également différentes par leur développement comme par la variété de leurs sites. C'est donc en plus de celles comprises dans ce mince ouvrage un très grand choix de promenades en voitures et cinq charmantes promenades à pied. De celles-ci, je vous en donne ici le simple énoncé avec les noms des principales choses qui en jalonnent le plus remarquablement et le plus agréablement le parcours.

Promenade au Rocher d'Avon.

Exploration à pied d'environ trois heures.

ITINÉRAIRE.

Avenue de Maintenon et vue sur le parterre et l'étang, rocher Lapitot, l'Homme qui veille et la Femme qui dort, la grotte de la Biche-Blanche, le point de vue de Marie Stuart, le belvédère de Louis VII, la Dame Jeanne, le mont Louis-Philippe, le Dédale des Titans, le point de vue de Moret, la gorge de Ravéra, le passage des Portes-de-fer, le rocher Lamartine, le belvédère de la Petite Marie, la Retraite du Pasteur, les Gorgones, la Petite-Thébaïde, le rocher et la grotte Heurteloup, l'antre de Vulcain, la Vallée brûlée, aujourd'hui le site le plus verdoyant du rocher d'Avon.

Promenade au rocher Bouligny.

Exploration à pied d'environ trois heures.

ITINÉRAIRE.

Avenue de Maintenon et vue sur le parterre et l'étang, Bocages de la Plaine des Pins, gorge du Petit-Bouligny et la Roche-Buridan, la grotte à Péjoux, les roches de Mazarin, belvédère de Léonard de Vinci, la vallée du Petit-Déluge, le rocher Havin, l'Arche-de-Bouligny, le rocher de la Landelle, les roches et la vallée de lord Byron, la roche à Deux Têtes, le Crapaud de Bouligny, la gorge de Morel-Fatio, le rocher Hildebrand, la roche de Beethoven, le Ballon, le belvédère d'Hégésippe Moreau, le rocher Isabey, le Dolmin de Bouligny, la gorge aux Hiboux.

Promenade à la Gorge aux Loups.

Exploration à pied d'environ cinq heures.

ITINÉRAIRE.

Avenue du Mail de Henri IV, traversée de la chaîne du rocher Bouligny, plateau du Mont-Merle, allées et bocages des Ventes-Bourbon, futaie des Ventes à la Reine, descente à la Gorge-aux-Loups par la Gorge-Verte et le rocher Coignard, vallon de Robert Fleury, le mont Raphaël, d'où s'élancent fièrement le Paul Véronèse et le Tintoret, sortie de la Gorge-aux-Loups en passant entre les Deux-Ormans et contre le rocher Bébée.

Le plateau de la Mare-aux-Fées, le belvédère des Pins, le charme de Marie-Antoinette, le chêne de Molière, le Charme Oranger, le Rie-Bernhard, le belvédère de Corot, le rocher et passage de Longuet, les chênes de Cabal et l'oasis Dequeux-Saint-Hilaire, point de vue d'Abel de Pujol, la fin du plateau de la Mare-aux-Fées et les chênes de Louis Desnoyers et d'Hippolyte Lucas, les Deux-Cousins, descente du rocher des Fées, le chêne d'Augusta.

Sentier abordant la deuxième et principale section de la Gorge-aux-Loups, chêne et roche de Cicéri, le passage Bruandais et vue alpestre, le chêne de Ruysdaël et l'oasis des Houx, le rocher Lesueur, ombragé et protégé par les Deux-Frères Jourdan, le rocher Morgan et l'Alcibiade, bouleau séculaire, les roches de Martin Hugues, la gorge de Géricault, le chêne de Courbet, passage du rocher Alaux, les chênes de Grenier, le plateau du Ranz-des-Vaches, la galerie de Rosa Bonheur, descente dans les profondeurs de la Gorge-aux-Loups, parmi les Roches-Brenghel, repos des Parisiennes et chêne de Marilhac, l'oasis Schopin, vue sur la gorge du rocher des Fées, le sentier des chênes Coypel, Bonnameau, d'Aligny, Jacottet, Louis Boulanger, Puget, Salomon, etc., etc.

Fin de la Gorge-aux-Loups, le Dunois et l'arbre Fleury, le Vélasquez et le Murillo.

Retour vers Fontainebleau par les ombrages de la partie orientale du plateau des Ventes-Bourbon et par la traversée de la queue du rocher Bouligny, puis par le sentier de la Chataigneray et la tête du rocher d'Avon.

Promenade à la montagne d'Henri IV

Exploration à pied d'environ une heure et demie.

ITINÉRAIRE.

Traversée des cours du palais, avenue de Maintenon et vue sur l'étang et le parterre, avenue du mail de Henri IV, ascension de la montagne par le chemin des Pins, à gauche de la grande avenue, point de vue de Victor-Emmanuel, esplanade de Henri IV et point de vue de l'Impératrice, belvédère d'Arsène Houssaye, retour en ville par les bocages de la plaine des Pins et l'Obélisque.

Promenade aux Monts-Aigus.

Exploration à pied d'environ trois heures.

ITINÉRAIRE.

Sentiers ombragés de la Petite-Tranchée et du Mont-Fessas, point de vue sur la vallée des Monts-Aigus, descente vers le rocher Mazagran, le cheval Pégase, passage et rocher de Mélanie Waldor, le rocher d'Hastrel, la roche d'Argus, l'antre de Judith, le rocher d'Holopherne, le Mastodonte, le rocher des Naïades, la roche Delphine Gay, le rocher du Larcin, la roche de Mozart, la roche d'Ancelot, la selle du Chasseur noir, les roches de Calame, le rocher de l'Aigle, le belvédère du petit Mont-Aigu, le rocher Dumont-Durville, l'arche du petit Mont-Aigu, la grotte Marguerite, le rocher de Plutus, la dernière Folie-Denecourt, galerie souterraine où se trouve la grotte du Serment, le chemin des Atlantides, le sentier du grand Mont-Aigu, la roche de Longepierre, la roche Berlioz, le rocher Ponsard, le lion de Saint-Marc, le grand Léviathan, le rocher Meyerbeer, le belvédère du grand Mont-Aigu, le Cachalot du Mont-Aigu, la roche du Tonnerre, le Sycophante ou la rache Dourald, la glissoire du Chasseur noir, la roche d'Agnès Sorel.

Promenade aux bocages des Écouettes

Exploration à pied d'environ six heures.

ITINÉRAIRE.

Si je n'ai pas reproduit dans les dernières éditions de mes guides l'itinéraire de cette très belle et très pittoresque promenade, ce fut parce que les sentiers, par la création desquels j'étais parvenu à la parfaire, sont au nombre de ceux qui, ainsi que je l'ai dit plus haut, furent supprimés. Néanmoins, comme on peut encore les parcourir, et que je conserve l'espoir qu'ils seront un jour compris dans ceux dont l'administration a accepté l'entretien, je vais, de cette grandissime promenade, faire de même que pour ses charmantes sœurs, c'est-à-dire tracer sommairement l'itinéraire des principales choses qui en sillonnent le parcours et dont voici les noms :

Carrefour des Huit Routes, rocher du Mont-Ussy par la vallée d'Hortense, site des plus beaux de la forêt, à l'entrée duquel se trouve la roche Caventou et ensuite le sentier des Deux-Héloïse, la grotte des Deux-Frères, Charles et Prosper, le chêne d'Aubenton, la roche de Léon et de Pauline, le rocher Reboule, le belvédère Montespan, le point de vue du camp de la Solle.

Le rocher de la Béhourdière, dont les principales masses sont : la roche Lemaire, la roche Antony Béraud, la roche Lepoitevin, la roche Pougerville, la roche Legouvé, la roche Henri Martin, la roche Pitre Chevalier, la roche d'Émile Augier, la roche de Jasmin et la roche Mac-Mahon.

Le rocher de la Glandée, dont les grès les plus remarquables sont : la roche Etex, la roche Duret, la roche Lenôtre, la roche et la grotte de George Sand, et tout près de là le chêne de Jules Sandeau.

Bocage des Ecouettes, canton le plus pittoresquement boisé de la forêt : ce sont de magnifiques futaies entremêlées de clairières pelousées et de ravissants bosquets de genevriers, parsemés de belles épines blanches et de gigantesques blancs bouleaux ornés de gui toujours verts.

Des bocages des Ecouettes on revient vers Fontainebleau par les sites dont voici l'énoncé :

Les Délaissées du Bois de Boulogne, masses de grès assez remarquables qui étaient désignées pour le bois de Boulogne, et qui cependant nous sont restées, et parmi lesquelles on distingue le rocher d'Archimède, la roche d'Ambroise Dubois et la roche Lara, puis celle de Rosine.

Rocher Cassepot, dont le sommet, sillonné par une très belle route ouverte par les ordres de Louis-Philippe, offre non-seulement des points de vue des plus vastes et des plus admirables de la forêt, mais aussi une infinité de roches très remarquables, notamment celles dont voici les noms :

Rocher et belvédère du Sylvain (1), les Mausolées druidiques, le Parasol du Chasseur noir, (qui pourtant n'apparaissait que pendant la nuit), les roches de Champfort, et ensuite une quantité de grès de toutes formes mais d'une physionomie sauvage et désolée, offrant l'image d'une légion de monstres fantastiques, échoués là, sur cette plage aérienne, à l'époque du Déluge, le Charles Teste et le Raunheim.

Descente du rocher Cassepot par le sentier dominant la gorge des Mastodontes et passant devant le rocher Michelet, et ensuite près les rochers d'Antée, où se trouve l'antre du Faune.

Sentier et bocages du plateau de la Béhourdière.

Descente du Mont-Ussy par le joli sentier de Léon Plée, côtoyant la gorge Boisdhyver, l'un des sites très remarquables de la forêt, où l'on admire non-seulement d'imposants rochers, mais aussi des hêtres magnifiques, notamment le Guttenberg, le Coligny, le Jean Debay, le Hennette, le Eugène Dally, etc., etc.

Les roches et grottes les plus remarquables de ce site sont : la roche Mérimée, la roche Petitot, le rocher Hazard, les roches d'Ary Scheffer, la grotte Mathilde, le rocher Cavour, l'oasis Albane, la dame du Mont-Ussy, les roches d'Hercule à la sortie desquelles on passe sous les ombrages du bocage de Lavallière, pour arriver en ville en moins de vingt minutes.

---

(1) Si j'ai consenti à nommer ainsi cette dernière de mes découvertes, ce fut pour être agréable à quelques bons amis qui me l'ont conseillé.

Vous parlerai-je aussi, cher lecteur, afin de vous donner une idée plus complète de *ma chère forêt* et de mes étranges créations, vous parlerai-je des sentiers que sur d'autres points encore j'ai tracés? Par exemple : au rocher du Long-Boa ou Long-Boyau, au Bas-Bréau, au rocher Cuvier, aux monts Saint-Père, au rocher Saint-Germain, au Mont-Merle, aux Ventes-Bourbon et ailleurs encore.

Disons que malheureusement la plus grande partie des sentiers de cette dernière catégorie dépérit chaque année davantage, faute d'entretien, vu qu'ils ont été retranchés du réseau de ceux dont l'administration a adopté l'entretien, et pourtant ils offrent, eux aussi, une infinité de très belles choses, soit comme roches, grottes, points de vue et arbres remarquables tels que le chêne de Biéra, le bouquet du Bas-Bréau, le Goliath, le Victor Hugo, le Saint-Simon, le Cavaignac, le Schiller, le Paul Delaroche, le Duquesne, le Philippe Rousseau, le Gilbert Dupré, le Théodore Lejeune, le Garibaldi, le Chêne-aux-Grands-Bras, le Duméril, le Philippe Lebas, les Deux Soubeirans, le Charles Gabet, le Mocker, le Desbarolles, le Révoil, le Tournachon, le Tramont, le chêne d'Isabelle, le Napoléon I$_{er}$, le Eugène Suë, le Paul d'Ivoi, le Michallon, le Bodmer, le Roumestan, le Pradier, le genevrier de Saint-Louis, le chêne du roi Robert, le Charles V et le Du Pays, aux bocages des Écouettes.

Les roches, les grottes et les points de vue les plus remarquables de ces sentiers sont : le rocher des Artistes, la roche de Caroline Dupré, le rocher de Félix et d'Estelle, la roche de Jenny des Bois, le rocher Brizeux, la roche de Cornélie, l'oasis d'Adam Salomon, le rocher Flourens, les rochers de Clément du Nord et d'Aline, les roches d'Abeilard et d'Héloïse.

Rocher et point de vue de Constant Provost, rocher Tourville, rocher et point de vue de la Mare à Piat, esplanade de Diaz, rocher et galerie de François Arago, belvédère de la Chavignerie ou grand point de vue du rocher Saint-Germain, l'antre de la Tête-du-Diable, le rocher de saint Louis, l'antre Thévard, le passage du rocher Michel, les roches de Clara de Chatelain et de Léocadie Lemercier, la Roche-qui-Tête.

Rocher et passage de Robert le Pieux, l'oasis de Lucile et de Noémie, rocher et passage de la Bédollière, rocher et grotte de la Petite-Berthe, rocher d'Élie de Beaumont et galerie des Cinq-Caveaux.

On sait qu'en dehors de ces nombreux sentiers, de ces nombreuses promenades esquissées dans cette brochure, et dont la création, je le répète, m'a coûté tant de recherches et de sacrifices, il se trouve certainement encore de très beaux sites et de charmants points de vue dont la mise en lumière des plus admirables est, j'ose le dire, également due à mon initiative, tels, par exemple :

Le point de vue du camp d'Arbonne, le point de vue du camp de Chailly, et aussi la plus remarquable partie de l'esplanade du rocher Cassepot, trois magnifiques perles de la forêt de Fontainebleau, lesquelles, il est vrai, ne m'ont coûté aucun déboursé, mais seulement quelques recherches, quelques études, et le plaisir d'en avoir annoncé la découverte à M. l'inspecteur Marrier de Boisdhyver, qui accueillait toujours avec bienveillance mes idées et mes demandes d'embellissements.

Ces trois grands et magnifiques points de vue auxquels j'ai ajouté le Fort de l'Empereur, l'Esplanade de Marlotte, le sentier du montoir d'Apremont et le sentier de Laure avec ses quarante points de vue, forment assurément les *sept plus beaux diamants* de la parure dont je suis parvenu à doter mon adorée maîtresse...

Les artistes et touristes qui aiment autant que moi les beautés de la nature et qui auront séjourné assez longtemps à Fontainebleau pour en visiter tous les sites charmants, je les engage à consacrer une journée à d'autres merveilles plus saisissantes encore, situées en dehors et contiguës à la forêt, dont elles sont les dignes voisines. Ces autres merveilles, c'est l'agreste et champêtre vallée de Noisy-sur-École, admirablement encaissée au milieu du plus beau, du plus curieux chaos de monts et de rochers comprenant tantôt de longues chaînes, tantôt des pitons de forme conique du sommet desquels on découvre tout l'ensemble de cette alpestre et saisissante contrée, puis des horizons lointains! Mais pour se faire une idée de ce canton d'un aspect à la fois si sévère, si sauvage et si pittoresque, il faut aller le voir et l'explorer tel que je l'indique, soit dans la onzième, soit dans la seizième édition de mes indicateurs.

O oui, vous qui aimez ce qui plaît, ce qui charme le mieux, vous qui avez vu les beautés de la forêt de Fontainebleau, allez voir la vallée et les rochers du Vaudoué et de Noisy-sur-Ecole, afin d'ajouter dignement à vos impressions de voyage, à vos souvenirs des *chers déserts de saint Louis*...

Allez voir aussi, si vous le pouvez, les ruines et les rochers de Larchant, bien dignes encore d'admiration.

Il arrive souvent que des personnes, après avoir exploré mes sentiers et vu les grottes, les galeries souterraines, les belvédères et tous les étranges accessoires que j'y ai fait surgir, me demandent avec un certain étonnement comment moi, humble et simple particulier, peu fortuné, non attaché à l'administration, et pour ainsi dire en dehors d'elle et sans être rétribué, j'ai pu parvenir à doter la forêt de toutes ces choses. Mon Dieu ! j'ai déjà dit que tout cela était dû à mon amour de la pittoresque nature et à mes sympathies en faveur de tout le monde qui partage cet amour. Mais afin de satisfaire un peu mieux à cet égard la curiosité des touristes, je vais entrer dans quelques détails.

En 1832, lontemps après avoir quitté le service militaire, je me trouvai, ainsi que je l'ai dit plus haut, au nombre des plus modestes rentiers de la ville de Fontainebleau (1). Ce fut alors que l'enchanteresse forêt, je le répète, commença à me captiver, ce fut alors que je me suis mis à l'explorer dans tous les sens et dans tous ses curieux détails, ce qui ne dura pas moins de trois ans, et encore n'avais-je pas tout vu !

Après trois autres années de recherches et d'études, puis étonné de voir que tant de sites et de merveilles étaient infréquentés et ignorés, faute de guides et de cartes, j'ai osé, quoique à peine lettré, composer et faire imprimer un itinéraire en cinq promenades parcourables en voitures. Le succès inespéré qu'eut cet essai m'encouragea à faire paraître une édition plus complète et même à y joindre une carte que, d'après d'anciens plans et à l'aide des soins officieux d'un bienveillant ami, géomètre, archiviste de l'administration forestière, j'étais parvenu à établir.

Plus tard, sentant la nécessité d'ajouter à mon guide quelque chose du palais, je me suis risqué à en dresser l'itinéraire plus ou moins bien réussi, comme on sait. Mais la forêt étant ma plus chère affection, et voyant avec regret que, malgré le guide qu'avec tant de peine et tant de soins j'avais élaboré et publié, l'on ne pouvait en visiter que très superficiellement et très incomplètement les sites, c'est alors que je me suis décidé à entreprendre l'ouverture de *mes chers sentiers*. Certainement que je n'avais pas l'intention de consacrer à cette œuvre tous les sacrifices qu'elle m'a coûtés, mais les choses que par elle je mettais en lumière avaient pour moi tant d'attraits et plaisaient tant aux personnes qui venaient les voir, les admirer, qu'il ne m'a pas été possible de résister à l'entraînement ou plutôt à la passion qu'elles m'avaient inspirée, et qui augmentait au fur et à mesure que je découvrais de nouvelles beautés.

Ce fut en 1842 que je commençai, de ci de là, sur différents points de nos intéressants déserts, à tracer et à faire ouvrir mes étroits chemins

---

(1) Mon revenu consistait en 2,200 francs de rente, dont la principale partie acquise par quinze années de commerce dans les vins et la moindre partie provenant de l'avoir de ma femme.

sans plus de façons que si la forêt m'eût appartenue. Il est vrai que mon fil d'Ariane se déroulait sans commettre réellement ce qui s'appelle un délit, sans faire tomber le moindre arbre. Je continuai ainsi pendant trois ans, après quoi on me fit apercevoir que cette adorée forêt, malgré mon amour pour elle n'était point *mienne*, et que sans y être autorisé je ne pouvais le moindrement m'occuper de sa parure. Dès-lors je me suis autant que possible soumis à cette règle qui, bien loin de ralentir mon œuvre, n'a fait que me donner la facilité de l'accomplir plus grandement, car une fois autorisé, je pouvais davantage, tant pour le développement de chacune de mes promenades que pour en accélérer le percement. Oh ! comme j'étais heureux en les étudiant, en les faisant sillonner parmi tous ceux de nos sites les plus beaux, les plus pittoresques ! Mais ce bonheur fut malheureusement interrompu par le déficit notable qu'il causa à mon modeste avoir.

Cependant, malgré la pénurie qui m'obligeait à cesser la mission toute de prédilection que de gaieté de cœur je m'étais imposée, il m'était impossible de me résigner à y renoncer tout à fait ; d'ailleurs mes cartes, mes itinéraires dont la vente était assurée me permettaient d'espérer ne pas laisser mon œuvre inachevée.

Et en effet, l'heure n'était pas encore venue de me séparer à tout jamais de ces bois, de ces rochers qui déjà pendant dix-huit ans avaient été l'objet de mes plus chères affections. Non, malgré ma situation obérée et malgré les indifférences que j'ai rencontrées dans la localité qui profita le plus de mes travaux, le moment n'était pas encore venu de quitter tout à fait *ma bien-aimée*, car non-seulement la vente de mes guides fut plus fructueuse qu'à l'ordinaire, mais plusieurs de mes concitoyens ouvrirent une souscription pour m'aider à achever mon labyrinthe de promenades.

Ces nouvelles ressources me permirent donc de me remettre à l'œuvre en octobre 1850, après un repos forcé d'un an, et Dieu sait avec quel nouveau bonheur je poursuivis mon fil d'Ariane parmi les agrestes et pittoresques beautés qui m'attendaient, qui me réclamaient, et auxquelles j'avais un instant paru infidèle ! Chacune d'elle me paraissait plus belle et plus ravissante encore ; il me semblait qu'à l'envi les unes des autres elles cherchaient à me captiver davantage pour obtenir des préférences ; des chênes de sept à huit cents ans, qui avaient essuyé mille tempêtes et défiaient encore la foudre, semblaient s'incliner et me supplier de faire serpenter mon méandre sous leurs sévères ombrages ; des rochers encore plus imposants et aussi vieux que le monde, semblaient, eux aussi, en réclamer une ou deux courbures ; des sommets arides et escarpés me conviaient à les transformer en belvédères ; des grottes, des cavernes invisibles se laissaient deviner et découvrir par mon bâton de houx dont la pointe, attirée comme par l'aimant, fit même jaillir quelques filets d'eau, quelques modestes naïades, chose assez utile dans une forêt qui manque de sources. En un mot, toute cette réunion de sites si étranges et si variés qui ne se retrouvent que dans la forêt de Fontainebleau, m'avait si bien charmé, que pas une de ses curiosités ne demeura en dehors de mon réseau de sentiers, excepté celles de quelques coins non encore mis en lumière et dont le tour viendra peut-être un jour.

De toutes mes abruptes et agrestes créations, les plus remarquables et qui ont le plus amoindri ma modique fortune sont :

Le sentier des Druides, aux rochers de Franchard ;
Le sentier et le tunnel des Mastodontes, au rocher du fort des Moulins ;
Le sentier et la grotte de Benjamin, au rocher du Calvaire ;
Le passage des Montussiennes, au rocher du Mont-Ussy ; ;
Le tunnel du Héron, aux gorges de Franchard ;
La grotte de la Biche blanche, au rocher d'Avon ;
La galerie des Cinq-Caveaux, au rocher Saint-Germain ;
Le passage souterrain de la fontaine Sanguinède ;
La grotte du Parjure et le sentier de l'antre du Déluge, à la gorge du Houx ;
Les fontaines Dorly et Sanguinède, mais surtout le rendez-vous du Chasseur noir, le fort de l'Empereur et la galerie du petit Mont-Aigu, travail plus hardi, plus remarquable encore, et qui, à peine achevé, fut enfermé par l'enceinte agrandie du parquet de l'Empereur.

Disons un mot sur les deux principales de ces créations :

Le Fort de l'Empereur.

En décembre 1851, après avoir, à l'aide d'une généreuse cotisation de M. Guérin, maire de Fontainebleau, rendu accessible la montagne escarpée et toute déchirée à laquelle j'ai donné son nom, je fis construire en pierre sèche, sur le sommet du nord, un belvédère d'environ trois mètres de hauteur, et sur le sommet du midi, une plate-forme qui était à peine commencée, lorsque M. l'inspecteur de la forêt vint pour la première fois faire l'ascension de cette montagne. Il fut étonné de l'immensité du point de vue qui s'offrit à ses regards émerveillés, et témoigna le plaisir qu'il éprouvait de m'avoir autorisé à clore mon réseau de sentiers en rendant accessibles ces crêtes aériennes inabordables peu de jours auparavant.

Bientôt les curieux affluèrent sur ce point culminant et me demandèrent comment je le nommerais. Les uns me conseillaient de l'appeler le *belvédère Denecourt* ou bien le *belvédère du Sylvain*, d'autres le *Roi des points de vue de la forêt*. Mon intention était de l'appeler le *point de vue de Paris*, à cause que, de cet endroit, on découvre Paris à l'aide de lunettes d'approche, lorsque le temps est très clair. Mais préférant être agréable à l'administration, j'ai consenti à nommer ce principal sommet le *Fort de l'Empereur*. Les soixante lieues d'horizon que l'on découvre de là m'avaient inspiré l'idée d'y élever une butte de forme conique, construite en pierres abruptes revêtues de terre plantée de végétaux qui auraient protégé et ombragé un sentier-labyrinthe de la base au sommet, d'où le point de vue, déjà si beau, eût été bien autrement beau encore, c'est-à-dire qu'on eût découvert dans toutes les directions à plus de cent kilomètres par delà les limites de la forêt! On aurait vu les tours des cathédrales d'Orléans, de Meaux, de Chartres et plus de mille pays.

Oui, élevé de cette façon, le Fort de l'Empereur, ou plutôt le Belvédère de l'Empereur, eût dominé un horizon bien autrement vaste encore et aurait en même temps été plus durable et d'un aspect infiniment plus pittoresque. A cet effet, il eût fallu dépenser vingt-cinq ou trente mille francs. Mais alors j'avais déjà tant amoindri mon avoir sur d'autres points de l'enchanteresse forêt, puis la souscription n'ayant pas eu le résultat qu'on avait lieu d'espérer, je n'ai pu donner à cette principale de mes créations que la hauteur qu'elle présente et non la grandeur et l'aspect dont je viens de parler. Aussi ne m'avait-elle coûté à élever qu'environ seize cents francs, chiffre qui, un peu plus tard, s'est arrondi à la somme de deux mille quatre cent soixante-deux francs, par l'appoint d'embellissement qu'après coup M. l'inspecteur de la forêt fit ajouter à mon œuvre afin d'en faire honneur à l'Empereur et à l'Impératrice qui, accompagnés de nombreux personnages, sont venus en faire la visite d'inauguration le 22 novembre 1853.

Comme auteur et créateur de cette abrupte tour, qui alors était déjà le couronnement de plus de vingt années de travaux et de sacrifices consacrés par moi à l'agrément de tous, je me trouvai là au moment même de cette solennelle inauguration. Je n'oublierai pas la manière tout à fait bienveillante avec laquelle l'Empereur m'accueillit, et non plus ces paroles d'espérance :

Je songerai à vous... Je vous reverrai...

GROTTE ET GALERIE DU PETIT MONT-AIGU

OU LA SOI-DISANT

DERNIÈRE FOLIE DENECOURT.

En faisant élever le Fort de l'Empereur je me disais : Pour le coup, c'est là le bouquet, le couronnement de mes travaux. Oh! oui, ce sera le dernier de mes sacrifices en faveur de l'agrément public, faisons-le beau et des plus remarquables. Mais à peine cette espèce de petite forteresse fut-elle achevée, que déjà, d'un autre côté, une escouade de carriers, dirigés par moi, pénétraient dans les flancs du petit Mont-Aigu, en sapant, en fendant les grès de manière à nous faire ensevelir et écraser tous sous les énormes blocs que leur rustique travail ébranlait et faisait écrouler à tout moment. Voici à propos de quoi et comment cette formidable trouée souterraine me fut inspirée.

Vers la fin des travaux du fort de l'Empereur, j'étais allé faire une exploration au Mont-Aigu où un violent orage vint me surprendre. Je courus m'abriter sous la partie saillante d'une roche monstrueuse de volume et de forme, située dans l'endroit appelé le Petit Mont-Aigu. Tandis que la pluie tombait et ruisselait par torrent, et que je me blotissais du mieux que je pouvais sous mon formidable auvent, je sentis le sable devenir mouvant et s'affaisser sous le poids de mon corps, et tout à coup me voilà tombé et précipité dans une caverne obscure. Un instant effrayé, je fus bientôt rassuré en reconnaissant que cette excavation qui avait à peine deux mètres de profondeur, sur autant de longueur et de largeur, n'offrait aucun danger. Après l'orage passé je sortis du souterrain et me mis à contourner l'énorme roche qui le recouvrait. Bon, me dis-je, voici une trouvaille de plus ! Oui, il y a là, ma foi, de quoi faire une grotte, un abri assez spacieux. A bientôt, ma mie ! Et sur ce, je m'en revins vers Fontainebleau en pensant à cette nouvelle découverte qui, trois mois après, s'appelait la Grotte du Serment et attirait la foule des curieux et même les indifférents, tant elle eut de retentissement par la hardiesse du travail et par l'aspect saisissant qu'elle présente. Mais d'où vient, se demandera-t-on, ce nom de grotte du Serment ?

En voici l'explication toute simple et qui n'offre absolument rien de dramatique.

Plusieurs personnes honorables de mes meilleures connaissances, trouvant que j'avais déjà beaucoup sacrifié pour la mise en lumière de la forêt de Fontainebleau, et effrayées en voyant ce que devait coûter l'ouverture de cette galerie souterraine, me firent des remontrances qu'en pareil cas de véritables amis n'épargnent pas. Je leur promis que c'était là le bouquet de mes travaux.

Voici d'ailleurs comment cette promesse fut faite. Un jour ces personnes étant en excursion aux environs du Mont-Aigu, et attirées par le retentissement des outils de mes quinze ouvriers, débouchèrent tout ébahies à l'entrée du souterrain en décombre et tout bouleversé. Mon Dieu! s'écria l'une d'elles, que faites-vous donc encore là, M. Denecourt? — Je fais mon dernier tour de force. — Mais vous allez vous ruiner entièrement! — La vente de mes livres et de mes cartes m'aidera avec le temps à combler cette dépense. — Mais votre déficit d'ailleurs, mais votre fort de l'Empereur, qui paiera tout cela? — Mes livres et mes cartes encore avec le temps. — Oui, si vous vivez autant que Mathusalem. En vérité, mon cher Denecourt, permettez-moi de vous le dire, c'est là de la pure folie. — Je l'avoue, mais cette folie plaira à bien du monde et c'est ce qu'il faut. — Oui, si tous ceux qui jouissent et profitent de vos travaux vous venaient quelque peu en aide, vous auriez raison de continuer à rendre accessibles de nouvelles curiosités. — Tout le monde n'est pas indifférent, la preuve c'est votre nom, c'est celui de bien des personnes inscrits sur nos listes de souscription. — Certainement que tout le monde n'est pas indifférent, mais si vous continuez toujours à faire de nouvelles choses et à dépenser trois fois, six fois plus que le produit de la souscription et de vos livres, comment pourrez-vous jamais arriver? — Je vous promets que c'est ici ma dernière folie. — Ah bah! voilà bien des fois que vous nous dites cela. — Eh bien, aujourd'hui je fais mieux que vous le dire, je vous le jure! et pour vous prouver que je suis résolu à ne plus continuer à dépenser du mien dans la forêt, c'est que pour cimenter le serment que je fais, cette vaste caverne s'appellera la *grotte du Serment*, et l'ensemble du souterrain la *dernière Folie Denecourt*.

En effet, j'étais bien décidé à ne plus continuer ma ruineuse mission et à clore mon œuvre de vingt ans par l'ouverture de cette formidable et saisissante galerie du petit Mont-Aigu, quand ce hardi travail, à peine terminé, fut enfermé par l'enceinte agrandie du parquet des chasses de l'Empereur, et par conséquent distrait de la belle promenade de Franchard.

Disons que le grand et le petit Mont-Aigu, ainsi que d'autres sites avoisinants, où j'ai également fait des travaux d'embellissement forment maintenant un parquet séparé de celui des chasses, et qu'on peut y entrer le dimanche de midi à cinq heures, pendant la belle saison seulement.

Quant à la récompense que j'envie le plus pour avoir ainsi, par amour de la pittoresque nature, et au prix de la meilleure partie de mon existence et de ma modeste fortune, doté la forêt de Fontainebleau de toutes ces choses, de tous ces sentiers, de tout ce labyrinthe de promenades reconnus depuis longtemps et par tout le monde comme œuvre d'agrément national, ce serait de voir cette œuvre un peu mieux entretenue. Cela coûterait si peu ! c'est-à-dire que pour la conserver en parfait état et me permettre d'ajouter encore à l'intérêt qu'elle offre, il suffirait qu'on mît sous ma direction un simple ouvrier cantonnier, dont l'emploi, l'Administration le sait bien, n'aurait pas seulement pour avantage de satisfaire l'agrément public, mais aussi de diminuer les causes d'incendie dans la forêt.

Espérons que la ville de Fontainebleau, tout à fait intéressée à la conservation de mes travaux, y apportera sa part de sollicitude, et que l'État, qui partout prend l'initiative des améliorations et embellissements publics et partout les encourage et les protége, ne manquera pas, dès qu'il sera parfaitement renseigné, de protéger et sauvegarder convenablement mon œuvre et de me permettre d'en poursuivre l'accomplissement en continuant d'y consacrer mes soins, mes efforts, durant le peu d'années de vie active que Dieu peut-être me réserve encore.

Oui, après avoir donné de si bon cœur la meilleure partie de mon existence et de mon modeste avoir à la mise en lumière de la forêt de Fontainebleau, à en rendre accessibles et commodément visitables à peu près un millier de sites et de charmants points de vue, je ne demande pour toute récompense que la conservation en bon état de cette œuvre, laquelle, en rattachant mon humble nom à la plus belle des forêts, m'a valu tous les témoignages de sympathie que l'on sait, témoignages qui, en constatant l'utilité de mes travaux, justifient suffisamment le vœu que je viens d'émettre.

Janvier 1860.

C.-F. DENECOURT.

Fontainebleau. — Imp. de E. Jacquin.

www.ingramcontent.com/pod-product-compliance
Lightning Source LLC
Chambersburg PA
CBHW060532050426
42451CB00011B/1739